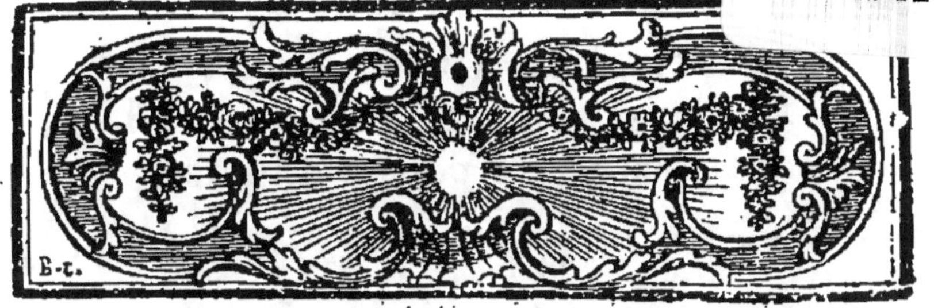

CATALOGUE

DE TABLEAUX,

Bronzes, & Bijoux de feu M. Villeminot, Avocat.

TABLEAUX.

Raphael d'Urbin.

1 La Sainte Vierge assise, vue jusqu'aux genoux ; elle tient l'Enfant
Jésus qui regarde S. Joseph ayant les
mains jointes posées sur son bâ-
ton. Ce Tableau qui a du mérite,
est attribué à Raphael ; il est peint
sur bois, ceintré du haut, & porte 20
pouces de haut, sur 15 de large.

Michel Ange.

2 Notre Seigneur sur la Croix ; on le

dit peint par Michel Ange ; il eſt ſur bois. Hauteur 12 pouces 6 lignes, largeur 8 pouces 6 lignes.

François Mazzuoli, dit le Parmeſan.

3 Le Mariage de Sainte Catherine : ce Tableau peint ſur toile qui porte 29 pouces de haut, ſur 23 pouces 6 lignes de large, vient de la Collection de M. de Jullienne, N°. 18 du Catalogue de la Vente faite après ſon décès en 1767.

Paul Calliari, dit Paul Véroneſe.

4 Ce Tableau, qui peut ſervir de pendant, a un mérite très diſtingué ; il repréſente le Baptême de Notre Seigneur, & vient auſſi de la Vente de M. de Jullienne, N°. 51.

Franceſco Treviſani.

5 Un Tableau très eſtimable par ſa touche ſpirituelle, ſon coloris & ſon effet agréable ; le ſujet eſt la Madeleine penitente, à qui des Anges apparoiſſent ſur des nuages ; il eſt peint ſur une toile de 18 pouces de haut, ſur 13 pouces 6 lignes de large.

CATALOGUE

DE

TABLEAUX,

Miniatures, Peintures à Gouache, Bronzes, Boîtes d'or, dont une enrichie de Diamants ; Boîtes de Lacq, Bagues & autres Bijoux, après le décès de M. Villeminot, Avocat en Parlement.

Par Pierre Remy.

La Vente se fera le Lundi 4, Mardi 5 & Mercredi 6 Mars 1776, trois heures de relevée, rue S. Honoré, à l'Hôtel d'Aligre.

On pourra voir les Tableaux & les Bronzes le Samedi 2, depuis 9 heures du matin jusqu'à une heure de relevée.

Ce Catalogue se distribue.

A PARIS,

Chez {

Me. Pignier, Huissier Commissaire Priseur, Cul-de-Sac Férou, près S. Sulpice.

Pierre Remy, Peintre, rue des Grands Augustins, près la rue Christine.

M. DCC. LXXVI.

[illegible]

de

GUABICAT

[illegible]

François Albane.

6 La Femme de Putiphar retenant Joseph par son manteau : ce Tableau,
dont les figures sont *sveltes* & agréa-
bles, est peint sur cuivre. Hauteur
10 pouces, largeur 13 pouces 6
lignes.

Philippe Laur.

7 Jupiter & Semelé : on voit Junon
qui les observe sur des nuées. Ce
Tableau peint sur bois de forme
ovale, porte 10 pouces de haut,
sur 13 de large.

Jean Lanfranc.

8 Un Ange qui tient un lys, Tableau
peint sur toile de 23 pouces de haut,
sur 17 de large.

Léopold Grevenbroeck.

9 Deux Tableaux composés de paysages, architectures & figures, sur
cuivre, chacun porte 8 pouces ; lignes de haut, sur 12 pouces 6 lignes
de large.

Pierre Paul Rubens.

10 Les sept Sages de la Grece repré-
sentés à mi-corps : ce Tableau plein

d'esprit a été fait au premier coup, sur bois. Hauteur 14 pouces 3 lignes, largeur 18 pouces 6 lignes : il vient du Cabinet de M. de Jullienne, N° 107.

440 11 Une Assomption, esquisse spirituelle, peinte sur bois. Hauteur 19 pouces, largeur 11 pouces.

Jean Rottenhamer & Breughel de Velours.

400 12 Diane avec ses Nymphes & Actéon métamorphosé en cerf : ces figures, au nombre de douze, ont trois & quatre pouces de proportion ; elles sont de *Rottenhamer* : le paysage est de *Breughel de Velours.* Ce Tableau précieux, peint sur cuivre, a 6 pouces de haut sur 10 de large : il a été dans le Cabinet de M. de Jullienne ; le Catalogue en fait mention au N°. 89. Beauvarlet l'a gravé.

Pierre Neefs.

141. 13 L'Intérieur d'une Eglise enrichie de figures : ce Tableau est d'un effet agréable ; il est éclairé du jour. Hauteur 5 pouces 6 lignes, largeur 8 pouces 3 lignes.

Cornille Poelenburgh.

97. 14 L'Adoration des Rois Mages : ce

Tableau compofé de dix-neuf figures de 5 à 6 pouces de proportion,
mérite confidération ; il eft peint fur
bois, & porte 16 pouces 9 lignes de
haut, fur 12 pouces 6 lignes de
large ; il eft annoncé au N°. 112 du
Catalogue du Cabinet de M. de
Jullienne.

15 Huit Femmes qui fe baignent, des
rochers bordent la riviere : ce Tableau agréable, digne d'attention,
eft peint fur bois & porte 8 pouces
6 lignes de haut, fur 11 pouces 4
lignes de large.

Pierre Breughel & Breughel d'Enfer.

16 Deux Tableaux, l'un fur bois, par
P. Breughel, repréfente une Fête de
Village ; l'autre fur cuivre, par
Breughel d'Enfer, nous fait voir le
Déluge : ces compofitions font ri-
ches ; chacun porte 9 pouces de
haut, fur 12 pouces 3 lignes de
large.

Rembrandt Van Ryn.

17 Une Femme à mi-corps, la gorge
découverte ; elle eft vue de trois

quarts. Ce Tableau est peint sur bois; il porte 8 pouces de haut, sur 6 pouces 9 lignes de large.

18 Un Philosophe représenté à mi-corps, vu de trois quarts, il a une toque sur sa tête, sa main droite est sous son manteau garni de fourure. On n'est pas d'accord sur le véritable Auteur de ce Tableau; les uns le donnent à Rembrandt, les autres le disent d'Arnould de Gelder: feu M. de Villeminot l'estimoit de Gérard Dow, sortant de chez son Maître. Il est peint sur bois & porte 2 pieds 1 pouces de haut, sur 1 pied 9 pouces 6 lignes de large.

David Teniers.

19 Elie & Enoc en méditation dans le Desert; l'un deux tient un livre, plusieurs autres livres sont à terre, un corbeau dans l'air apporte un pain: ce Tableau, dont le coloris est agréable, est peint sur une toile qui porte 23 pouces de haut, sur 29 de large.

20 Un Tableau ragoûtant & d'un bon *faire*, peint sur bois de 6 pouces de haut, sur 8 de large; il représente

une chaumiere, un homme qui
tient un pot est proche de la porte,
plus loin deux hommes sont à table;
l'un fume, l'autre tient sa pipe, un
troisieme est debout; à droite un pot
& un tonneau; sur un plan éloigné,
des arbres & un clocher.

21 Trois Hommes, dont un assis à la
porte d'une chaumiere sur un pont
qui a trois arches: des côteaux &
des arbres terminent le point de vûe
de ce Tableau qui est peint sur bois:
hauteur 7 pouces 6 lignes, largeur
6 pouces;

22 Notre Seigneur descendu de la
Croix: ce Tableau, composé de six
figures, est fait spirituellement par
David Teniers, dans le genre du
Tintoret; il est peint sur toile collée
sur bois, & porte 1 pied 6 pouces
6 lignes de haut, sur 2 pieds 5 pouces de large.

Philippe Wouwermans.

23 Un Cavalier à cheval, & un autre
à pied regarde ferrer son cheval que
deux hommes tiennent, l'un par
une jambe, l'autre par la bride; un
chien est sur le devant, un homme

le chapeau à la main , & une femme portant fon enfant fur fon dos, viennent demander l'aumône : ce Tableau ragoûtant tient de la maniere de Bamboche, il eft fur bois. Hauteur 11 pouces 6 lignes , largeur 13 pouces 3 lignes.

24 Une Bataille attribuée à Philippe Wouwermans ; elle eft peinte fur toile collée fur bois. Hauteur 15 pouces , largeur 21 pouces.

Bartholomé Brienberg.

25 Un Tableau intéreffant repréfentant des ruines , du payfage & plufieurs figures; il eft fur bois , & porte 14 pouces 6 lignes de haut , fur 21 pouces de large.

26 Un autre bon Tableau compofé de ruines , payfages , figures & animaux ; fur bois : hauteur 11 pouces 9 lignes , largeur 16 pouces 9 lignes.

Nicolas Berghem.

27 Junon qui donne à Argus la garde d'Io. Ce Tableau très fini & d'un coloris agréable , eft peint fur bois ,

& porte 8 pouces 6 lignes de haut,
fur 11 pouces 4 lignes de large.

28 Un Homme fur un âne, une Femme *131*
qui tient un pot, des Animaux. Ce
Tableau que l'on attribue à Ber-
ghem, eft peint fur bois ; il porte
13 pouces de haut, fur 18 de large.

David Rickaert.

29 Jupiter & Mercure chez Baucis &
Philémon. Ce Tableau, peint fur *420*
une toile de 21 pouces 6 lignes de
haut, fur 32 pouces 6 lignes de large,
eft du bon temps de *Rickaert*; il eft
touché favamment, & fon coloris
eft très agréable.

Antoine-François Vander Meulen.

30 Un Tableau riche par fa touche fa-
vante & fon coloris : il repréfente
plufieurs Huffarts, dont un tire un *400*
coup de piftolet fur des Cavaliers
qui efcortent un charriot : il eft peint
fur bois : hauteur 11 pouces 6 lignes,
largeur 10 pouces.

Isaac Oftade.

31 Un Cheval blanc, & un Homme
à demi-couché au pied d'un arbre : *124*

ce Tableau est aussi sur bois, & fait pendant au précédent.

Guillaume Mieris.

32 Une Dame qui écrit ; elle a un déshabillé cramoisi & un jupon verd; une vieille femme lui dit sa bonne aventure ; un tapis posé sur une chaise tombe à terre. Ce Tableau a du mérite ; il est peint sur bois : hauteur 18 pouces, largeur 15 pouces 6 lignes.

33 Une Femme tenant une grappe de raisin ; elle est vue à mi-corps par une fenêtre. Ce Tableau est peint sur bois dans le goût de *Gérard Dow*. Il porte 14 pouces de haut , sur 11 pouces de large.

Franck.

34 Notre Seigneur en croix entre les deux Larrons. Ce Tableau , peint sur cuivre , porte 17 pouces de haut, sur 13 pouces de large.

François Limbouchef , Disciple du Chevalier Vander Veerf.

35 Une Divinité sur des nuées ; l'Amour lui apporte une couronne ; un

autre tient un cœur & une trompette : ce Tableau est sur cuivre ; hauteur 10 pouces, largeur 8 pouces.

Borremans.

36 Deux Tableaux sur toile, chacun de deux pieds de haut, sur 2 pieds 6 lignes de large : l'un représente une femme assise, ayant un chapeau de paille sur la tête ; un chasseur, des perdrix, des dindons, & une figure feinte en pierre sur un piédestal : dans l'autre, trois figures, du gibier & des fruits.

Sébastien Bourdon.

37 Des Bohemiens ; plusieurs se disputent au jeu : on compte dix figures. Dans le coin à droite sur un plan reculé des animaux. Ce Tableau peint sur bois porte 15 pouces de haut, sur 19 de large.

Louis de Boulogne.

38 Deux Tableaux sur toile, chacun de 15 pouces de haut, sur 20 pouces de large : l'un représente Apelle qui peint la Maîtresse d'Alexandre ;

l'autre a pour sujet Bacchus & Ariane, avec des Amours.

Chantreau.

39 Une Danse & une Fête de Village dans le goûr de Teniers. Ces deux Tableaux annoncent du génie ; ils sont faits spirituellement sur bois : hauteur de chaque 4 pouces 9 lignes, largeur 6 pouces.

40 Le Martyre de S. Pierre, peint sur pierres de rapport, de 17 pouces 6 lignes de haut, sur 18 pouces de large.

41 L'Adoration des Bergers, peinte sur cuivre par *Thomas Ernest*. Hauteur 8 pouces, largeur 6 pouces.

42 Un Flûteur & une Femme qui compte de l'or, figures plus qu'à mi-corps. Ces deux Tableaux originaux d'un Peintre Allemand sont sur bois : chacun porte 10 pouces de haut, sur 7 pouces 6 lignes de large.

43 Une très jolie copie du Carrache, par *Licherie*, sur toile de 17 pouces de haut, sur 13 de large : elle représente la Vierge, l'Enfant Jésus, un Ange & S. François.

44 La Vierge, l'Enfant Jésus, Saint
Jean & des Anges dans un paysage,
sur cuivre de forme ovale : hauteur
trois pouces, largeur 4 pouces.

45 Un Abreuvoir, dans le goût de
Wouwermans, sur bois. Hauteur
9 pouces 6 lignes, largeur 13 pouces.

46 La Vierge aux Anges, d'après Van
Dyck, sur toile de 18 pouces de
haut, sur 23 pouces de large.

47 Un Village où l'on voit des arbres,
des charriots, & beaucoup de figures. Ce Tableau, peint par *Bis-
caye*, est dans le goût de Breughel,
il est sur cuivre. Hauteur 9 pouces,
largeur 11 pouces.

48 Un concert de chats, peint sur cuivre par un Flamand. Hauteur 4 pouces 6 lignes, largeur 5 pouces 9
lignes.

49 Le Joueur de violon, d'après Os-
tade, sur toile de 16 pouces 6 lignes
de haut, sur 13 pouces 6 lignes de
large.

50 Une Danse à la porte d'un cabaret,
copie d'après Teniers, sur bois :
hauteur 6 pouces, largeur 8 pouces
6 lignes.

51 Deux Tableaux d'Architecture, paysages & figures, par un Flamand, sur toile ; chacun porte 8 pouces de haut, sur 12 de large.

52 Un Paysage avec architecture & figures, par Patel le tué ; sur toile de 18 pouces de haut, sur 2 pieds 3 pouces de large.

Miniatures & Peintures à gouache, sous verre.

53 La Bataille d'Atila, d'après Raphael, peinte en miniature : ce morceau porte 7 pouces de haut, sur 9 pouces de large.

54 L'Adoration des Bergers, & Notre Seigneur chez Marthe & Marie. En deux pieces ; chacune de 5 pouces 6 lignes de haut, sur 8 pouces de large.

55 Moyse sauvé des eaux. Hauteur 9 pouces, largeur 11 pouces.

56 Des Chûtes d'eau dans un paysage : on y voit S. Jérome : hauteur 11 pouces, largeur 16 pouces.

57 Deux Paysages avec architectures & figures, par *Pierre Platel.* La

hauteur de chacun eſt de 6 pouces,
largeur 8 pouces.

58 Deux autres du même Patel, & de   *15 - 4*
grandeurs pareilles aux précédents.

59 Deux *Idem.*   *15 -*

60 Deux autres.   *18*

61 Deux *Ditto.*   *15 -*

62 Pluſieurs Tableaux & bordures que   *10*
l'on détaillera.

Bronzes.

63 Henri IV & Marie de Médicis en   *160*
pendant. Chacun porte 9 pouces de
haut compris un piedouche.

64 Les Empereurs Romains en qua-   *270*
torze buſtes de chacun 10 pouces,
compris les piedouches.

65 Mercure, ce Bronze qui mérite at-   *215 -*
tention, a 21 pouces de proportion,
il eſt poſé ſur un pied de bois noir.

66 La Vénus pudique & le Lantin en   *312*
pendant. Hauteur 19 pouces.

67 Un lion qui dévore un cheval, &   *660*
un autre lion qui attaque un tau-
reau : ces deux grouppes ſont d'une
belle exécution ; chacun porte 8 pouces de haut, non compris des pieds
de marbre blanc de 4 pouces.

68 Une Ecritoire compoſée d'un ſan-   *161*

glier, d'une laye & d'un petit mar-
caffin dans des rochers, en forme de
corail, le tout de bronze doré d'or
moulu.

Bijoux.

II.

4400 69 Une très belle tabatiere de forme
quarré long, en or, ornée de quatre cartels repréfentant des enfants ;
le deffus eft enrichi d'un grand nombre de diamants diftribués en com-
partiment, dont partie compofe un
chiffre.

610 70 Une autre tabatiere d'or de même
forme ; elle eft ornée de fleurs & ornements très bien cifelés.

— 71 Une boîte d'or guillochée, & doublée d'écaille, fa forme eft ronde.

550 72 Une boîte d'or à huit pans, elle
eft légérement émaillée en petits
bouquets, ornements & bordure.

700 73 Une boîte d'or de forme ovale, ornée d'une plaque de lapis lazuli &
de faux lapis.

— 74 Une autre boîte compofée de pla-
ques d'agates orientales, montée en
or.

368 75 Une boîte ronde de très beau laque
montée en or.

76 Une autre boîte d'écaille de forme *270*
quarrée long, montée en or ; elle est
enrichie de fleurs & animaux en
verni de *Martin*.

77 Une boîte composée de plusieurs *560*
morceaux d'ancien laque montée &
doublée d'or.

78 Une autre boîte d'or à colonne or- *721*
née de six petites marines peintes
avec beaucoup d'art.

79 Un étui d'agate Orientale, garni d'or. *21-12*

80 Une bague composée d'un beau sa- *160*
phyr d'Orient à huit pans, & de dix-
huit brillants jaune.

81 Une bague en anneau composée de *166*
treize beaux brillants.

82 Une aigle marine à huit pans, tail- *61-*
lés à facette, montée en bague ; elle
est de la plus riche couleur.

83 Une Jacinthe de même forme, mon- *40*
tée en bague.

84 Une bague composée d'un péridot *25-2*
& deux diamants.

85 Un grand rubis balai, quarré long *131*
monté en bague.

86 Un saphyr cabochon. *71*

87 Une autre bague composée d'une *14-*
belle girasole.

88 Une rubasse en ovale montée à jour *12*
& à biseau creux.

89 Une agate arborisée, où l'on voit de très jolis arbres.

90 Une chatoyante.

91 Un Talisman, gravé en creux sur un grenat syrien à huit pans, monté en bague.

92 Un cryftal avec accidents.

93 Une tête d'Empereur gravée en creux fur cornaline.

94 Autre tête gravée en creux fur cornaline onix & montée en bague.

95 Léda, gravée en creux fur émeraude de forme ovale ; on y trouve le nom de *Guai.*

96 Une tête de Femme Romaine gravée en creux.

97 Une autre tête de femme en relief.

98 Un Amour en pied, enchaîné, fe repofant fur une ancre ; il eft gravé en relief fur onix.

99 Hercule gravé en creux fur cornaline.

Effets curieux.

100 Un Vafe en forme d'éguiere, de beau jafpe richement garni de bronze doré d'or moulu, il porte 10 pouces de haut.

101 Un joli Vafe en trépied avec deux

anses d'argent des Indes ; il est tra-
vaillé en relief , sa hauteur est de 3
pouces 3 lignes.

101 Un Poignard fort curieux ; son
manche est composé d'agates , son
fourreau est orné de pierres fines &
agates gravées en relief & en creux ;
le tout enchassé & monté en vermeil des Indes.

103 Une belle Tasse chinoise de jade
vert à branchages , feuilles & fleurs
de ronde bosse au pourtour , très-ar-
tistement découpées. Hauteur 1 pou-
ce 9 lignes , largeur 3 pouces 9 lignes.

104 Deux autres Tasses ovales de jade
blanc , à deux anses.

105 Une autre Tasse de jade blanc ,
de forme quarrée.

106 Une Ecuelle couverte , & deux
Gobelets de serpentine.

107 Un Vase de crystal de roche , gravé ; le pied est garni en or émaillé ,
le haut a un cercle de vermeil. Ce
morceau porte 4 pouces 6 lignes de
haut , sur 4 pouces 2 lignes de dia-
metre.

108 Un autre Vase à anses , en forme

de grand gobelet, de cryſtal gravé,
avec cercles d'or émaillés.

109 Un Gobelet à patte de cryſtal gravé ; il a ſix pans, hauteur 4 pouces.

110 Une Boîte ronde à trois corps d'ancien laque, fond aventurine ; &
une autre à cinq pans, d'ancien laque noir, ayant ſur ſon deſſus un
oiſeau, le dedans aventurine.

111 Un petit Plateau contourné, d'ancien laque noir & or, ſur un pied
auſſi de laque.

112 Une Boîte à trois corps & à ſix
pans, d'ancien laque aventurine ;
ſur le deſſus un animal ſur une table avec un vaſe de fleurs or & argent.

113 Une Boîte longue à moſaïque à
cartouche, fond or & files d'ivoi-
re, renfermant cinq boîtes, fond
or à bouquets rouges & verts. Hauteur 2 pouces 3 lignes, largeur 5
pouces, longueur 11 pouces 3 lignes.

114 Une petite Boîte plate à quatre
pans, dont un ceintré, d'ancien laque ; ſur le deſſus un animal chymé-
rique, & deux oiſeaux, dont un ſur
un arbre ; le tout en or de relief, le
dedans eſt de cuivre doré.

115 Deux Flacons quarrés de porcelaine du Japon.

116 Deux Canards, d'ancienne porcelaine colorée.

117 Plusieurs Figures & autres Objets
de porcelaine de Saxe, que l'on di-
visera.

118 Plusieurs Morceaux de porcelaine
des Indes, & autres qui feront aussi
divisés.

119 Des Vases & Bouteilles de Bo-
caro.

120 Deux armoires, en bibliothèques
de bois de violette, composées chacune de deux portes garnies de quatre glaces.

F I N.

Lu & Approuvé, ce 5 Février 1776. COCHIN.

Vu l'Approbation, permis d'imprimer, ce 7
Février 1776. ALBERT.

De l'Imprimerie de DIDOT, 1776.